MINISTRE PLÉNIPOTENTIAIRE

AMEUBLEMENT HINDOU

ET

Porcelaines de la Chine
et du Japon

PROVENANT DU CHATEAU DE SARZEC

PRÈS POITIERS

EXPOSITION : Vendredi 27 Mai.

VENTE : Samedi 28 Mai.

AMEUBLEMENT HINDOU

ET

Porcelaines de la Chine
et du Japon

CONDITIONS DE LA VENTE

Les acquéreurs paieront 10 p. 100 en sus des enchères.

L'Exposition mettant les amateurs à même de se rendre compte de l'état des objets mis en vente, aucune réclamation, pour quelque cause que ce soit, ne sera admise, une fois l'adjudication prononcée.

L'expert, dans l'intérêt de la vente, se réserve la faculté de réunir ou diviser les lots.

AMEUBLEMENT HINDOU

ET

Porcelaines de la Chine
et du Japon

PROVENANT DU CHATEAU DE SARZEC

PRÈS POITIERS

DONT LA VENTE AURA LIEU LE SAMEDI 28 MAI 1910, A 2 HEURES

A L'HOTEL DROUOT, Salle n° 1

Commissaire-priseur : Me FLAGEL, 20, Boulevard Poissonnière.
Expert : M. André PORTIER, 24, rue Chauchat.
Chez lesquels se distribue le Catalogue.

EXPOSITION PUBLIQUE :

Hôtel Drouot, salle n° 1, le vendredi 27 Mai 1910, à 2 heures 1/2

PORCELAINES

CHINE (Bleu et blanc)

1. Un lot de 16 assiettes plates décorées de motifs de fleurs divers.

2. Un lot de 7 assiettes creuses, dont deux lobées, décorées les unes de bouquets fleuris, les autres de paysages.

3. Quatre coupes creuses décorées de môns de fleurs et de plantes aquatiques.

4. Cinq grandes assiettes plates à décor d'oiseaux, de fleurs et de personnages.

5. Deux jolies coupes creuses entièrement décorées d'un semis de fleurs serré.

6. Une coupe bleu foncé truité clair, rehaussé d'un joli décor or.

7. Une coupe creuse décorée, sur fond en léger relief de chrysanthèmes blancs de quatre môns de fleurs.

8. Une assiette et une coupe creuse à décor de fleurs.

9. Un plat décoré, au centre de trois zones de fleurs, d'une branche de bambous autour de laquelle s'enroulent des fleurs.

Diam. 38 cm.

10. Deux grandes coupes creuses, ornées d'un vase rempli de fleurs.

Diam. 37 cm.

11. Un grand plat ovale décoré d'un joli bouquet de fleurs.

Larg. 36 cm.; long. 42 cm.

12. Un plat octogonal allongé décoré de deux troncs de bambous et de branches de chrysanthèmes.

Long. 45 cm.; larg. 39 cm.

13. Un grand plat rond, décor dit de Nankin, représentant deux personnages sous un saule, sur une terrasse au bord de l'eau.
Joli marli à décors variés de fleurs et de papillons.

Diam. 55 cm.

14. Un grand plat creux lobé, décoré de fleurs et de personnages hol-
landais.

Diam. 36 cm.

15. Un autre plat creux décoré d'oiseaux et de fleurs.

Diam. 36 cm.

16. Un petit plat allongé décoré de quatre bouquets de fleurs variées.

Diam. 25 cm. × 20 cm.

17. Un plat ovale décoré de temple et d'habitations au bord de l'eau.

Diam. 30 cm. × 23 cm.

18. Deux plats, le marli richement décoré de fleurs — l'un, orné au
centre d'un ibis sous un pin, l'autre d'un joli bouquet de fleurs à
tonalités grises et bleues.

Diam. 52 cm.

19. Deux grands plats décorés l'un d'un paysage au bord de la rivière,
l'autre d'une table chargée d'attributs et de branches fleuries.

Diam. 38 cm.

20. Une coupe creuse décorée d'un semis de fleurs très serré.

Diam. 28 cm.

21. Trois coupes creuses, même décor que la précédente.

Diam. 39 cm.

———✦———

POLYCHROME

22. Cinq coupes creuses décorées d'oiseaux dans les arbres. Léger
rehaut de rose dans les oiseaux.

23. Onze assiettes plates décorées de motifs légers de fleurettes polychromes sur fond blanc.

24. Quatre assiettes creuses, même décor.

25. Trois assiettes plates décorées sur fond vert, d'une branche de chrysanthème fleurie.

26. Cinq coupes creuses décorées sur fond blanc de fleurs et de fins carrelages polychromes.

27. Cinq grandes coupes creuses décorées sur fond blanc de médaillons de fleurs polychromes.

Diam. 27 cm.

28. Deux assiettes à bord dentelé, décorées de fleurettes de diverses couleurs.

Diam. 23 cm.

29. Une coupe creuse décorée d'un semis de fleurs.

Diam. 33 cm.

30. Un grand plat rond décoré de bouquets de roses.

Diam. 38 cm.

31. Un autre plat, bordure dentelée, même décor.

Diam. 34 cm.

32. Cinq plats allongés, taille graduée, à petit marli rehaussé d'une fine grecque en or et manganèse. Même tonalité pour la hotte fleurie formant motif central.

33. Deux grandes coupes plates décorées sur fond blanc d'un semis de bouquets de fleurs et sur le marli d'une guirlande, en or demi effacé.

Diam. 45 cm.

34. Quatre bols bleu et blanc décorés de fleurettes et de palmes.

35. Un grand saladier décoré en bleu et blanc de fleurs et d'animaux chimériques.

Diam. 30 cm.

36. Un bol décoré de fleurettes dans un fin carrelage.

37. Un saladier à décor de fleurettes polychromes sur fond blanc.

Diam. 28 cm.

38. Un autre saladier du même décor.

Diam. 36 cm.

39. Deux bols, couverte extérieure manganèse, décorés intérieurement en bleu et blanc de fleurs et de papillons.

40. Un lot de onze soucoupes à décors divers.

41. Une grande coupe creuse décorée de chrysanthèmes rouges et de feuillages d'une jolie tonalité gris bleuté. — Porcelaine japonaise d'Imari.

Diam. 30 cm.

42. Cinq bols, rehaussés d'or.

43. Un grand légumier à joli décor fleuri polychrome, rehaussé d'or. Imari.

Diam. 22 cm.

44. Douze grandes coupes creuses à joli décor de bouquets polychromes Imari.

Diam. moyen 31 cm.

45. Six autres coupes plus petites, même décor. Imari.

Diam. moyen 24 cm.

46. Trois autres coupes creuses, décor de fleurs. Imari.

Diam. 19 cm.

47. Deux assiettes, dont une lobée, décorées de fleurs et de paysages.

Diam. 22 cm.

48. Une paire de potiches avec couvercle, décorées sur la panse cotelée, de fleurs et de médaillons à motif d'oiseaux de Hô, bleu, rouge et or. Imari.

Haut. 43 cm.

49. Une potiche panse cotelée, montée en lampe, décorée de bambous et de fleurs polychromes. Imari.

Haut. potiche 33 cm.

50. Une bouteille ancien Imari, à huit faces dont quatre grandes décorées de panneaux fleuris et quatre petites d'un fin carrelage.

Haut. 28 cm.

51. Une bouteille col allongé, en Imari moderne, décorée de fleurs.

Haut. 29 cm.

52. Un pot tubulaire en ancien Imari, décoré de quatre bouquets.

53. Deux drageoirs en ancien Imari, anses ajourées.

54. Une bouteille piriforme, le col coupé, décorée de nuages bleus sur fond blanc.

Haut. 24 cm.

55. Une gourde, la panse étranglée, le haut du col coupé, décorée de fleurs et de palmes.

Haut. 27 cm.

56. Une bouteille piriforme, col coupé, décorée de zones de fleurs et de chevaux au galop.

Haut. 26 cm.

57. Une bouteille piriforme, le col très allongé garni d'une monture métallique, décorée en bleu et blanc de fleurs et d'oiseaux.

Haut. 21 cm.

58. Une autre bouteille, le col monté également, décorée de fleurettes et de palmes rose et or.

Haut. 21 cm.

59. Une paire de vases appliques, décorés sur le col évasé d'un dragon rehaussé d'or, et sur la panse de panneaux de bambous. Anses ajourées.

Haut. 23 cm.

60. Un légumier bas, lobé et allongé, décoré au fond intérieur et sur le couvercle de fins paysages maritimes.

Long. 29 cm.

61. Une bouilloire en forme de pot rond à large marli, avec couvercle intérieur ajouré. La panse, le couvercle et le marli sont décorés de motifs de fleurs bleues sur blanc.

Larg. 32 cm.

62. Une gourde piriforme style persan, décorée d'ornements triangulaires entourant des bouquets de fleurs. Fond blanc crème.

Haut. 28 cm.

63. Une bouteille cotelée, col allongé, la panse formant 16 pans. Décor d'oies sauvages sur un rocher au milieu des herbes.

Haut. 26 cm.

64. Une bouteille col allongé, la panse surbaissée et à six faces, décorée d'oiseaux volants.

Haut. 17 cm.

65. Une petite potiche Mine, 4 couleurs, représentant des animaux fantastiques dans un semis de chrysanthèmes. Couvercle manquant.

Haut. 11 cm.

66. Une théière décorée de fleurs polychromes. Enfermée dans un fin petit panier d'osier.

67. Trois autres théières, décors divers.

68. Un petit vase à couvercle, anses ajourées, décoré de bouquets de fleurs bleues dans un carrelage irrégulier.

69. Un pot, couverte extérieure manganèse, à réserve de médaillons de fleurs polychromes.

70. Un bol et son couvercle, décorés de fleurs polychromes.

71. Deux saucières, l'une bleu et blanc, l'autre à décor polychrome.

72. Une jardinière à 6 faces, décorée en bleu et blanc d'un joli paysage.

Larg. 30 cm.

73. Une potiche arrondie, fond vert, décorée de rinceaux fleuris et de médaillons polychromes.

Haut. 22 cm.

74. Une autre, même forme et même décor.

Haut. 17 cm.

75. Une potiche, fond blanc, décor de fleurs et de papillons polychromes.

Haut. 26 cm.

76. Un pichet bleu et blanc, couvercle manquant, décoré d'un oiseau sur un rocher au milieu des arbres.

Haut. 26 cm.

77. Une théière forme persane, portant des médaillons en forme de cœur ornés de fleurs de cerisiers, cassée.

Haut. 28 cm.

78. Une petite bouteille, ornée d'oiseaux et de fleurs d'un joli bleu foncé. Anse cassée.

Haut 20 cm.

79. Un pichet, l'anse cassée, décoré d'un motif de saules.

80. Un pichet, décor de paysages et d'habitations.

81. Une bouteille à large panse, surbaissée, de style persan, décorée en
bleu et blanc de dragons chimériques.

82. Trois aiguillères, bleu foncé, décorées de fines arabesques or.

Haut. 29 cm.

83. Un petit pot octogonal, bleu et blanc, décoré d'habitations dans les
arbres.

84. Deux jardinières cubiques, décorées sur les quatre faces de fins motifs de fleurs.

Haut. 23 cm. 1/2 — Larg. 12 cm.

85. Un lot de 9 petites cuillères, décorées bleu et blanc et polychromes.

86. Une coupe à libations en porcelaine blanche à décor polychrome.

————◦◦————

PORCELAINES DIVERSES

87. Une jardinière en porcelaine blanche, décorée au centre de deux
grandes faces, d'un bouquet de fleurs entouré de fins semis. Les
anses sont surmontées de têtes de personnages.

27 cm. × 22 cm.

88. Une soucoupe en porcelaine blanche décorée de fleurs rouges.

89. Trois légumiers en porcelaine blanche, forme courbe, décorés au
bord de fines zones d'or.

90. Cinq tasses dont trois avec couvercle en porcelaine blanche à décor
polychrome.

91. Deux assiettes faïence, marli lobé, à décor de paysages.

92. Un panier en fine porcelaine blanche ajourée à décor de fleurs
polychromes.

POTS HINDOUS

---

93. Trois jardinières rondes dont une avec couvercle ajouré en fer battu et en cuivre, finement gravées d'un décor de fleurs et d'animaux.

94. Deux grands pots ronds avec anses, à décor de palmes et d'animaux. Même travail que précédent.

95. Deux bouilloires basses entièrement gravées.

96. Un pichet, anse mobile, finement ciselé.

97. Une théière à tube central pour le foyer.

98. Une aiguillère forme persane.

99. Deux pots et une coupe, décorés de guerriers, de fleurs et de palmes.

MEUBLES HINDOUS

LITS

100. Un lit en bois dur ajouré comprenant quatre colonnes finement
sculptées de branches de vigne et de raisins, supportant une
galerie découpée à motifs d'acanthe, formant dais. La galerie
intérieure formant le cadre du lit est ornée en relief d'une longue
branche stylisée de vigne, rappelant le décor de la colonnade.

Le panneau, à la tête du lit, est en bois ajouré également, comprenant un cadre et une frise à motif de vigne, la frise portant en
outre un écusson supporté par deux lions chimériques.

Les pieds massifs sont terminés en griffes, sur lesquelles sont perchés des ibis, les ailes déployées.

Travail très fin et extrêmement fouillé provenant des environs de
Bombay.

Dimensions : long. 2^m,25 ; larg. 1^m,70 ; haut. 2^m,25.

101. Un autre lit, du même travail, le décor des raisins étant remplacé
par un motif de feuilles d'acanthe et de rosaces. Les pieds formés également d'une feuille d'acanthe retournée.

Dimensions : long. 2^m,30 ; larg. 1^m,90 ; haut. 2^m,55.

102. Un autre lit, à patine plus claire, même forme que les précédents,
décoré d'acanthe et de branches de marronniers chargées de
fruits.

Dimensions : long. 2^m,25 ; larg. 1^m,90 ; haut. 2^m,55.

103. Un autre lit, de nouveau à patine foncée, du même motif que le précédent, auquel l'artiste a ajouté un motif de diagonales.

Dimensions : long. 2^m,45 ; larg. 1^m,85 ; haut. 2^m,40.

104. Un autre lit, du même modèle, le décor ici étant composé de rosaces et de clochettes. Les quatre colonnades sont surmontées de torchères.

> Dimensions : long. 2^m,45 ; larg. 1^m,65 ; haut. 2^m,75.

105. Un dernier lit, décor de marronniers et de feuilles stylisées. Pieds à volutes continuant le même motif décoratif.

> Dimensions : long. 2^m,40 ; larg. 2^m,08 ; haut. 2^m,80.

TABLES

106. Une table de salle à manger, de forme ovale, soutenue par huit pieds massifs, décorés de cannelures et de feuilles d'acanthe.
Complétée par une allonge et quatre pieds massifs.

> Larg. 1^m,72 ; longueur sans l'allonge 2^m,60.

107. Une table de salle à manger, de forme carrée à coins arrondis, portée par huit pieds à torsade, comprenant en outre deux allonges supportées par huit autres pieds.

108. Grande table de salon, décorée sur le plateau supérieur d'une zone circulaire finement gravée et sculptée, représentant des tigres rôdant autour d'habitations noyées dans la verdure. Autour de ce plateau court une galerie retombante finement dentelée et ajourée de motifs de marronniers. Le haut du pied est caché par un motif de serpents noués deux à deux, dont les têtes dirigées vers le sol, alternent avec des ibis stylisés.
Les quatre pieds d'écartement sont formés de chimères fantastiques, corps en avant, les têtes retournées vers le faisceau de serpents et d'ibis.

> Très belle pièce. Diam. 1^m,45.

109. Grande table ronde, du même style que la précédente, entourée également d'une galerie dentelée et ajourée ; le haut des pieds décoré ici de poissons fantastiques dans les herbes aquatiques, et le bas, d'oiseaux chimériques têtes renversées, comme la table précédente.

> Diam. 1^m,40.

N° 123

N° 100

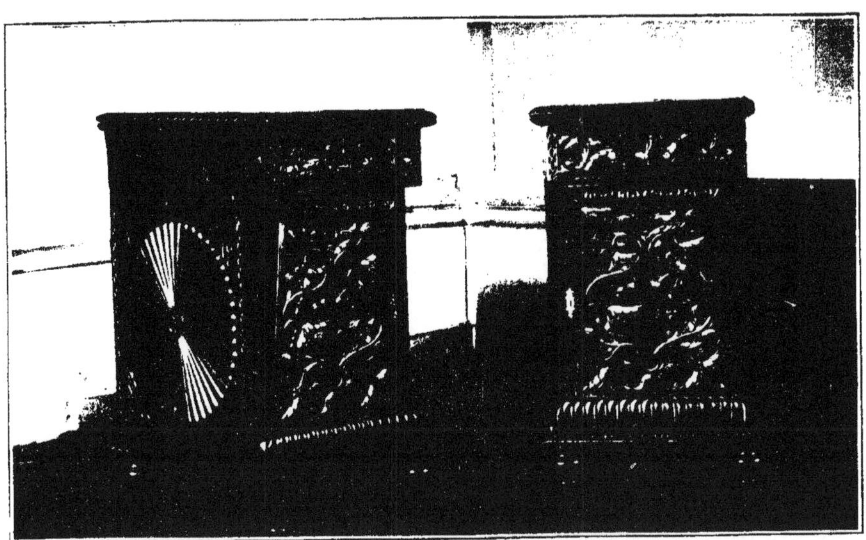

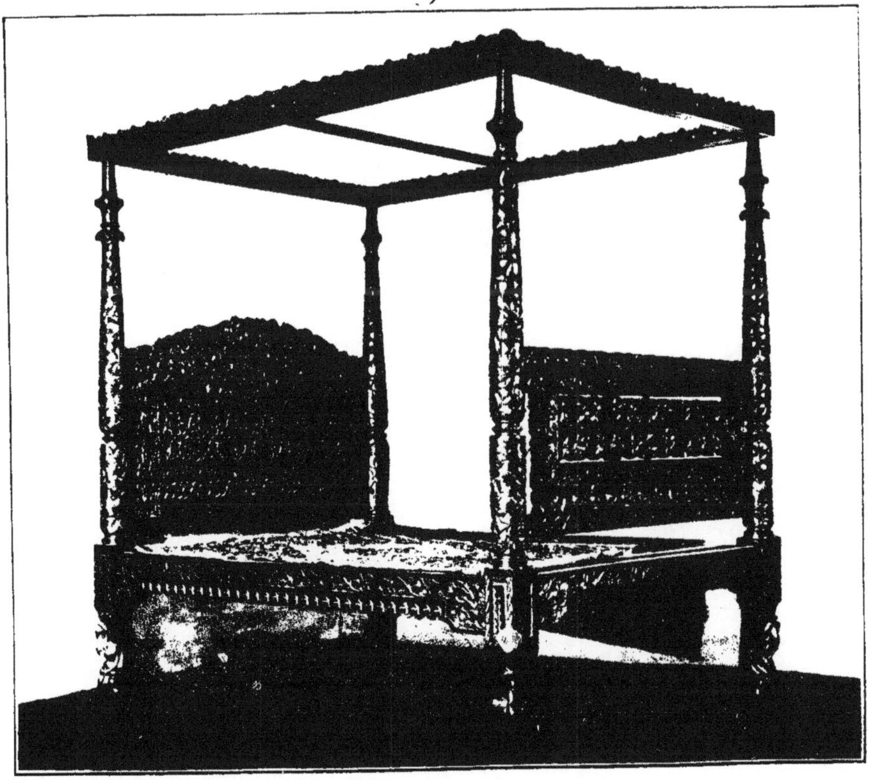

110. Autre table ronde, la galerie ajourée et perpendiculaire au bord du
plateau étant décorée de deux rangées de feuilles croisées deux
à deux, l'extrémité inférieure de cette galerie étant légèrement
dentelée.

Même galerie dans le trépied ajouré.

Diam. 1 ^{m}, 20.

111. Autre table, même décor que la précédente comme galerie et
comme trépied.

Diam. 1 ^{m}, 32.

112. Autre table, même décor que la précédente, une rangée supplé-
mentaire de feuilles entrecroisées, chevauchant sur le bord du
plateau légèrement incliné vers le bas. Le corps des pieds est
ici décoré d'oiseaux dans les branches.

113. Petite table ronde, le plateau décoré d'une zone circulaire sculptée
et gravée de tigres rôdant autour des habitations; le plateau
recourbé est continué par une fine galerie ajourée d'un motif de
marrons.

Les quatre pieds sont formés par des chimères à queues de serpent,
supportant quatre grands oiseaux les ailes déployées, les becs
pointant en l'air, servant de point d'appui à deux plateaux se
coupant à angle droit, finement ajourés, et perpendiculaires à
la table.

Diam. 76 cm.

114. Petite table, même style que la précédente en ce qui concerne la
décoration du plateau et de la galerie. Le haut du pied est
entouré de serpents noués, les queues en bas venant alterner
sur la collerette du pied avec des motifs d'oiseaux. Les quatre
pieds sont formés par des chimères renversées, les têtes dirigées vers le centre de la table.

Diam. 65 cm.

115. Autre petite table ronde, décorée également de tigres et d'habitations sur le plateau. Galerie ajourée formée d'un motif de feuilles
d'acanthe. Trois chimères ailées servent de pieds — leurs ailes
venant encadrer des oiseaux perchés sur le pied.

Diam. 62 cm.

116. Une table à ouvrage, formée d'un petit coffre à couvercle mobile décoré sur les faces de longs rayonnements formant soleil. Sur le pied et sur la table, petit décor de rinceaux fleuris.

Long. 76 cm.; larg. 43 cm.; haut. 79 cm.

117. Deux tables à jeu, plateau tournant et s'ouvrant, décorées de branches de vigne et de grappes de raisins.

Long. 91 cm.; larg. 45 cm.; haut. 77 cm.

118. Une autre table à jeu, même forme que les précédentes, le décor étant des branches de marronniers.

Mêmes dimensions.

119. Une table-bureau, dessus en marbre noir, décorée au milieu d'un motif de feuillage ajouré de deux grands S formant volutes.

Long. 1^m,02; larg. 46 cm.; haut. 95 cm.

120. Une autre table-bureau, ornée sur les deux côtés de panneaux en forme d'S ajourés, décorés de rinceaux fleuris et d'oiseaux.
Petite galerie inférieure dentelée et ajourée.

Long. 1^m,30; larg. 60 cm.; haut. 82 cm.

121. Une table-toilette forme d'un plateau à orifices pour les cuvettes. Les montants en bois ajouré à motif de branches de marronniers et de rosaces. Trois tiroirs décorés sur le devant de rinceaux fleuris.

Long. 1^m,52; larg. 58 cm.; haut. 98 cm.

122. Deux autres tables-toilette en bois ajouré, d'un travail plus simple, sans orifices pour les cuvettes, décorées sur les côtés de longues volutes stylisées.

Long. 1^m,54; larg. 62 cm.; haut. 1 mètre.

123. Deux tables de nuit décorées sur le panneau antérieur d'un motif ornemental de branches de marronniers stylisées, répété sur les cadres formant tiroirs.
Côtés latéraux décorés de deux ornements elliptiques à longs rayonnements formant soleil.

124. Une table-console demi-circulaire décorée à jour d'oiseaux dans les branches. Quatre pieds tournés surmontés de têtes de tigres.

125. Autre table-console du même style, décorée dans la galerie ajourée de deux oiseaux affrontés.

N° 128

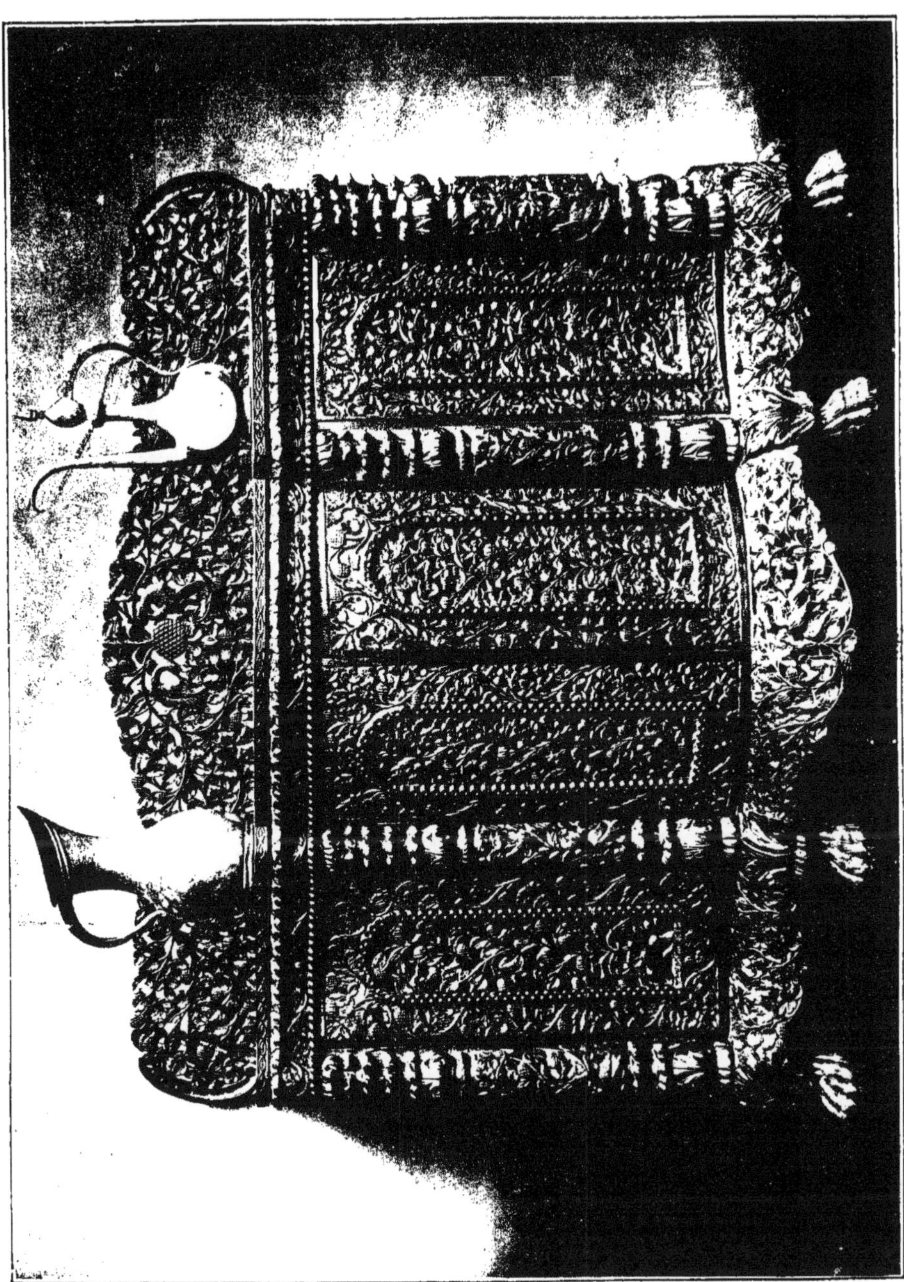

126. Grande table devant de glace à trois corps cintrés. Les trois portes
formant panneaux ajourés sont décorées de médaillons d'animaux fantastiques dans la verdure. Ces trois corps sont séparés
par des colonnes surmontées de têtes de tigres tenant dans la
gueule une feuille d'acanthe.

Les quatre pieds recourbés sont en forme de chimères appuyées
sur les pattes de devant, les pattes de derrière servant de point
d'appui à la colonnade. Le haut du meuble est décoré d'une
galerie ajourée et dentelée portant au centre un médaillon à
motif d'oiseaux.

Long. 1^m,31 ; larg. 56 cm.; haut. 1^m,15.

BUFFETS ET DESSERTES

127. Grand buffet de salle à manger, formé de deux pylones quadrila-
téraux supportant un plateau avec frise décorative.

La frise formant fond est décorée à jour de grands S dont les volutes
encadrent des feuilles de marronniers stylisées. Au centre un
médaillon représentant deux oiseaux affrontés et d'un blason.

La face des trois tiroirs est sculptée également de branches de
marronniers serpentant bout à bout.

Les deux corps formant buffet sont décorés au centre de médaillons d'oiseaux entourés d'un fin semis de marronniers se continuant sur les deux faces latérales extérieures.

La partie inférieure est décorée d'une frise de feuilles d'acanthe.

Long. 2^m,43 ; larg. 75 cm. ; haut. 1^m,38.

128. Petit buffet-desserte à trois corps, le corps central cintré et bombant ; les portes du meuble sont décorées de quatre panneaux
rectangulaires ajourés décorés de médaillons d'oiseaux affrontés et de branches de marronniers. Les deux côtés sont également ajourés.

Long. 1^m,45 ; larg. 40 cm.; haut. 1^m,15.

129. Petit buffet de deux corps supportant un plateau à trois tiroirs. Les
deux portes en bois ajouré sont décorées de motif de marronniers. Les faces latérales extérieures d'ornement elliptique
à soleil. Le meuble est surmonté d'une frise ajourée entièrement

portant un décor de marronniers, deux poissons affrontés formant motif central.

Long. 1ᵐ,35; larg. 55 cm.; haut. 1ᵐ,15.

130. Autre meuble analogue de forme et de décoration, sauf dans le motif central de la frise qui est ici formé de deux têtes de sangliers.

Long. 1ᵐ,80; larg. 58 cm.; haut. 1ᵐ,13.

131. Grande desserte trois corps, non séparés par des colonnes, le corps central renflant décoré d'un motif de marrons et de feuilles d'acanthe avec médaillons d'oiseaux affrontés.

Long. 1ᵐ,41; larg. 41 cm.; haut. 1ᵐ,18.

132. Deux autres dessertes de même forme, le corps central bombant, les trois corps séparés par des colonnes très finement sculptées. Les quatre portes sont sculptées de marronniers et portent au centre un panneau ogive ajouré rappelant le même décor, qui se poursuit aussi dans les faces latérales.

Le dessus du meuble porte derrière une frise trilobée et fouillée à jour, ornée de branches de marronniers encadrant un médaillon d'oiseaux affrontés entourant un blason en forme de pomme d'ananas.

Long. 1ᵐ,55; larg. 46 cm.; haut. 1ᵐ,95.

133. Desserte supportée par quatre pieds, ajourés, terminés par des volutes d'acanthe et à motifs de marronniers. Décor d'oiseau sur la galerie découpée.

134. Deux buffets rectangulaires, les faces plates, surmontés d'un vaisselier, entièrement ajouré sur les côtés et vitré sur la face antérieure, le décor est un motif de marronniers se répétant également dans la frise supérieure ajourée.

Long. 1ᵐ,25; larg. 40 cm.; haut. 1ᵐ,65.

135. Un autre buffet vaisselier, même forme, mêmes dimensions, le décor ajouré des faces étant remplacé par un motif plein à rayonnements.

Décor central de deux poissons affrontés.

136. Un autre buffet, même forme et mêmes dimensions, les côtés ajourés, le motif central étant deux têtes de sangliers.

137. Un autre buffet, identique aux précédents, à décor d'acanthe. Côtés pleins et unis.

N° 134

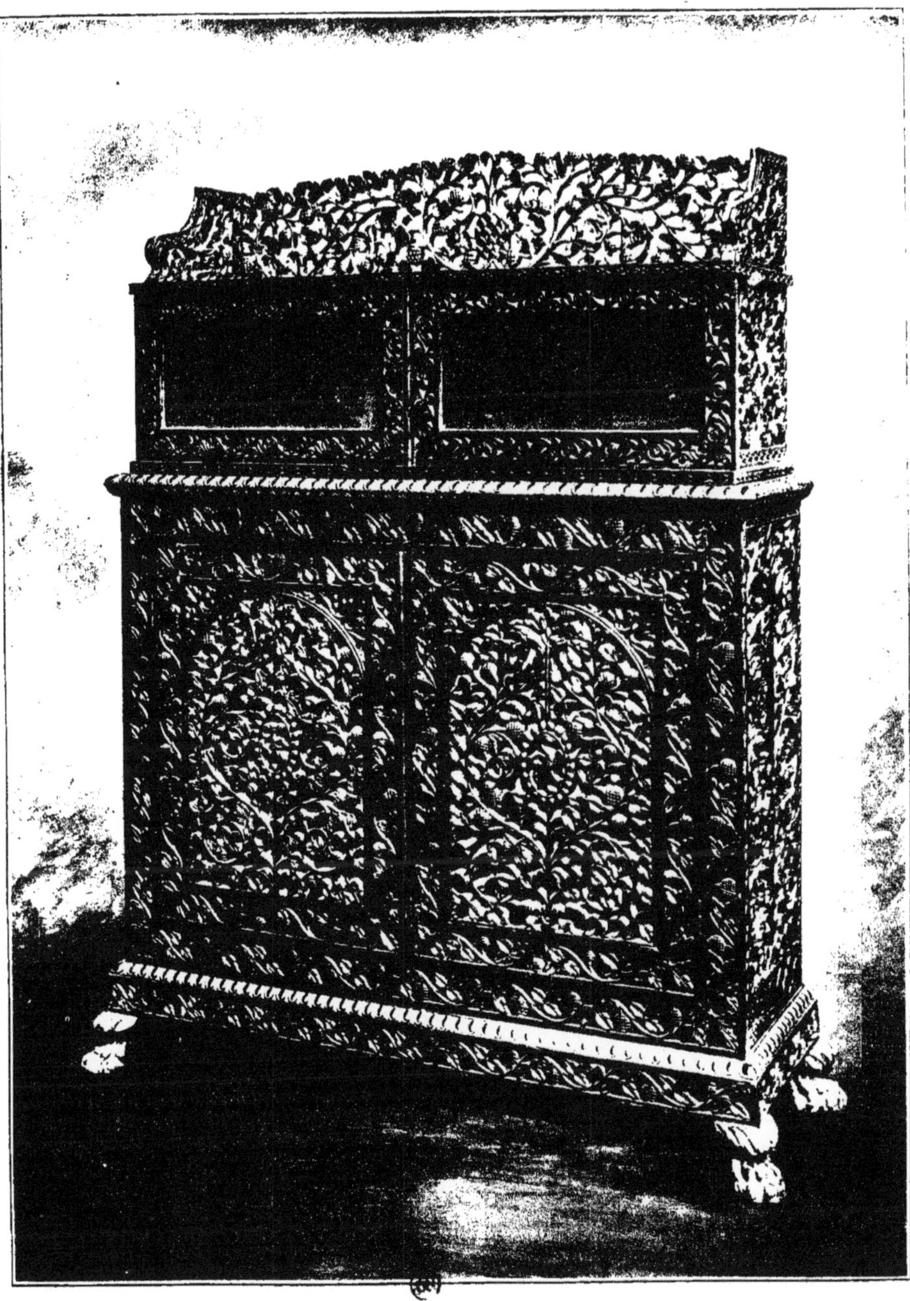

138. Un dernier buffet, les côtés ajourés, même forme, mêmes dimensions, à décor d'oiseaux dans les branches de vigne.

139. Un buffet en bois plein, composé d'une tablette reposant sur deux
corps formant armoires. Portes à décor de soleil; galerie supérieure ajourée décorée de deux poissons affrontant une rosace.

Long. 1^m,98; larg. 70 cm.; haut. 1^m,30.

MEUBLES DIVERS

140. Un commode-bibliothèque, à deux corps; le haut vitré, en forme
d'ogive. Le corps inférieur formant commode porte cinq tiroirs
décorés de rayonnements. Le décor d'entourage est formé de
branches de vigne chargées de raisins.

Long. 1 mètre; larg. 37 cm.; haut. 1^m,84.

141. Une bibliothèque à deux portes vitrées de petits carreaux, le décor
formé de fleurs de lys et de palmes stylisées.

Long. 1^m,25; larg. 45 cm.; haut. 2^m,10.

142. Deux armoires, les portes décorées de motifs elliptiques à soleil
rayonnant. Frise décorée de fleurs de lys stylisées. Côtés latéraux unis.

Long. 1^m,20; larg. 0^m,44; haut. 2 m.

143. Trois écrans de foyer comprenant un cadre surmonté d'une frise
ajourée à motif d'acanthe, de marronniers et de volutes.

144. Deux cadres de glace, formés de colonnades tordues, décorées
de feuilles stylisées ajourées.

117 cm. × 170 cm.

145. Cinq vaisseliers étagères à trois plateaux, deux décorés de motifs
d'acanthe, deux de palmes, et le cinquième de branches de
vigne.

Long. 0^m,90; larg. 0^m,50; haut. 1^m,30.

146. Deux autres vaisseliers de mêmes formes, surmontés d'une fine
galerie dentelée.

Long. 0^m,55; larg. 0^m,34; haut. 0^m,83.

147. Autre vaisselier, les deux faces latérales ajourées finement de

rinceaux fleuris et de médaillons d'oiseaux. La partie supérieure
des panneaux est surmontée d'une feuille d'acanthe recourbée.

Long. 1ᵐ,10 ; larg. 0ᵐ,40 ; haut. 1ᵐ,43.

148. Autre vaisselier, à trois plateaux, faces latérales pleines, les pieds
décorés de motifs de marronniers.

Long. 1ᵐ,32 ; larg. 0ᵐ,37 ; haut. 1ᵐ,28.

149. Vaisselier bas à un plateau décoré aux deux faces latérales de
motifs d'acanthe ajourés.

Long. 1ᵐ,52 ; larg. 0ᵐ,32 ; haut. 54 cm.

150. Un petit guéridon trépied à plateau sculpté d'une rosace entourée
de feuilles de marronniers stylisées.

151. Un petit coffre à bois rectangulaire décoré de médaillons elliptiques ornés de longs rayonnements.

152. Un autre coffre à bois décoré sur la face antérieure de médaillons
de fleurs entre deux grandes volutes.

Long. 0ᵐ,65 ; larg. 0ᵐ,39 ; haut. 0ᵐ,46.

153. Petite étagère vitrée, les portes en forme d'ogive, surmontées
d'une fine sculpture de feuilles et de raisins.

154. Une étagère à quatre plateaux, l'inférieur contenant trois tiroirs.
Les plateaux sont supportés par des colonnes en volutes, sculp-
tées d'un décor de feuilles et entourés d'une fine galerie ajourée.
Le haut du meuble est orné d'une grande frise ajourée faisant fond.

Long. 1ᵐ,09 ; haut. 1ᵐ,36.

155. Petite étagère d'encoignure à quatre plateaux lobés entourés d'une
galerie ajourée. L'angle supérieur du meuble supporte un oiseau,
les ailes déployées, se posant sur une feuille.

Haut. 1ᵐ45.

156. Deux étagères appliques formées d'un plateau demi-circulaire
entouré d'une galerie ajourée, reposant sur deux oiseaux, les
ailes déployées, posés sur un fruit, et tenant une branche dans
le bec. Le panneau appuyé au mur est ajouré d'un motif de
marronniers et d'oiseaux.

157. Petit coffret à trois compartiments intérieurs, plateau supérieur
formant couvercle à charnière. Les panneaux latéraux sont décorés de rayonnements. Monté sur un pied à décor d'acanthe.

Nº 127

Nº 166

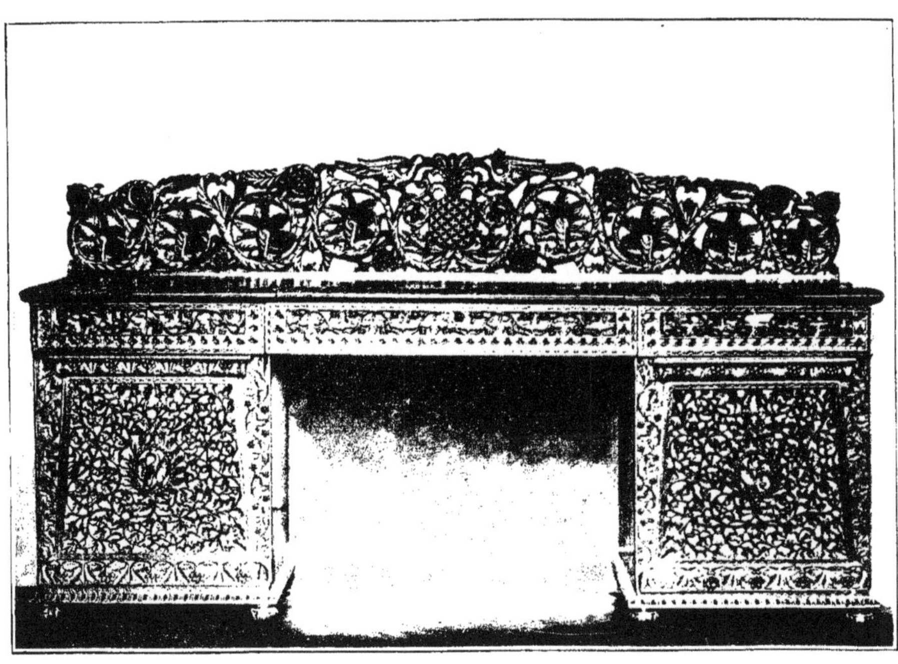

(BM)

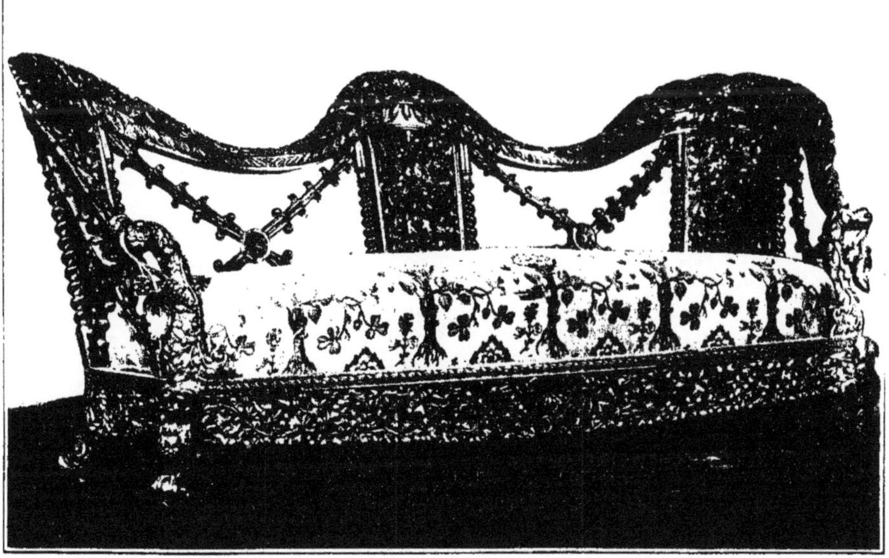

158. Trois porte-chapeaux en bois sculpté et tordu imitant des ramures de cerfs supportés par un trépied en forme de pieds de cerfs.

SIÈGES DIVERS

159. Quatre chaises, le dossier ajouré, décoré au centre d'un médaillon orné d'un oiseau de Hô, surmonté de deux lions affrontés, au milieu d'un fouillis de feuilles et d'oiseaux. Pieds à têtes de lions stylisées, supportant des ibis, entièrement détachés.

160. Six chaises, le dossier entièrement ajouré, à décor de marronniers et de feuilles d'acanthe.

161. Trois chaises, à dossier rond, le bord légèrement cintré extérieurement, portant au milieu d'une minutie de feuilles découpées à jour des médaillons, de soleil, de fleurs et d'oiseaux. Les pieds très bas et courbes sont reliés par une galerie finement découpée, et représentent deux oiseaux dont les becs viennent s'appuyer sur des têtes chimériques.

162. Deux chaises à dossier incliné, le bord légèrement recourbé vers l'extérieur et entièrement ajouré. Les pieds surmontés de têtes de tigres tenant une feuille d'acanthe et représentant des oiseaux détachés perchés sur des têtes de chimères.

163. Deux chaises, à dossiers arrondis très ajourés, à médaillon central décoré de branches chargées de marrons et surmontés de deux oiseaux, les ailes étendues. Pieds de devant décorés de feuilles d'acanthe.

164. Fauteuil canné, décoré d'un motif d'acanthe et de fleurs de lys stylisées.

165. Fauteuil entièrement ajouré, le dossier cintré, les bras terminés par des têtes de tigres, une feuille d'acanthe aux dents.

166. Grand canapé à trois dossiers, deux légèrement d'encoignure et un central, reliés entre eux par une galerie courbe et deux X. Les dossiers et la galerie inférieure sont sculptés en haut-relief de branches de marronniers jetées en volutes légères. L'extrémité des deux bras est terminée par une feuille et deux marrons

retombant. Le haut des pieds est une tête de lion dont le corps
se termine en volute.

167. Canapé en bois, ajouré sur le dos de feuilles d'acanthe entourant
un médaillon central représentant deux lions affrontés contre un
blason en forme de pomme d'ananas. Les deux bras sont formés
de deux serpents noués à un ornement à tête de chimère.
La galerie inférieure rappelle le décor d'acanthe.

> Long. 1ᵐ,85; larg. 0ᵐ,80.

168. Deux canapés, la galerie formant dossier se rabaissant au centre,
décorée d'acanthe et de branches de marronniers. Les bras sont
terminés par des têtes de lions tenant une branche chargée de
marrons.

169. Un autre canapé formant deux dossiers réunis par une galerie très
ajourée, décoré comme les précédents.

170. Deux causeuses composées de deux dossiers se faisant face,
entièrement ajourés d'un décor de branches de marronniers,
les pieds et les bras étant ornés de têtes de tigres.

171. Une chaise longue cannée, avec dossier mobile canné également,
le bois formant corps sculpté d'un motif d'acanthe stylisé.

172. Deux supports tabourets, comprenant un plateau à collerette ajourée d'où partent les pieds cintrés, décorés d'une feuille d'acanthe sculptée et terminés par des têtes de chimères.

> Haut. 47 cm.

173. Un pouf carré à galerie ajourée d'un décor genre feuille de lau-
rier, supporté par deux pieds en X sculptés de feuilles d'acanthe.

174. Un pouf rond sur quatre pieds en forme d'animaux chimériques,
supportant une galerie finement ajourée de branches fleuries.

175. Trois tabourets de pied à décor de marronniers, pieds sculptés
d'acanthe et de volute.

176. Deux tabourets à motifs de feuilles croisées sur double rangée,
pieds sculptés comme les précédents.

177. Quatre petits tabourets en bois naturel non verni, décorés de
rosaces.

TAPIS

---

178. Deux tapis d'Orient, forme chemin, à fond crème, décor polychrome.

Chaque : 1ᵐ × 7ᵐ,30.

179. Tapis rectangulaire, décoré de triangles polychromes juxtaposés.

1ᵐ,50 × 3ᵐ,75.

180. Deux tapis rectangulaires, fond chiné.

1ᵐ,30 × 1ᵐ,90 et 1ᵐ,15 × 1ᵐ,80.

181. Tapis persan sur fond beige, à décor polychrome.

2ᵐ,55 × 1ᵐ,10.

182. Tapis fond crème, décor polychrome.

2ᵐ,20 × 1ᵐ,05.

183. Tapis à rayures polychromes.

3ᵐ,75 × 1ᵐ,80.

184. Tapis fond polychrome.

1ᵐ,25 × 2ᵐ,10.

185. Tapis haute laine fond chiné.

1ᵐ,15 × 2ᵐ,45.

186. Tapis rectangulaire, fond à losange, décoré de motifs polychromes.

2ᵐ,50 × 1ᵐ,25.

187. Tapis à fond bleu et blanc dominants.

2ᵐ,75 × 1ᵐ,50.

188. Tapis fond jaune décor de V.

$$1^m,70 \times 1^m,30.$$

189. Grand tapis sur fond rougeâtre, décor de petits carrés.

$$2^m,12 \times 7^m.$$

190. Deux chemins sur fond rouge et bandes polychromes.

$$90\ cm. \times 3^m60 - 1^m35 \times 3^m60$$

ÉVREUX, IMPRIMERIE CH. HÉRISSEY, PAUL HÉRISSEY, SUCC'